Practice to Learn

WORD SEARCHES

Editor in Chief/Project Director: Brent L. Fox, M. Ed.

Editorial Project Manager: Eric Migliaccio

Imaging: Amanda R. Harter

Cover and Interior Design: Sarah Kim

Art Coordinator: Renée Mc Elwee

Creative Director: Sarah M. Fournier

Publisher: Mary D. Smith, M.S. Ed.

Teacher Created Resources
12621 Western Avenue
Garden Grove, CA 92841

www.teachercreated.com
ISBN: 978-1-4206-8300-4
©2020 Teacher Created Resources
Made in U.S.A.

Dear Parent,

This book is part of the *Practice to Learn* series for young learners. Each vibrant book in the series includes a wide range of interesting activities that will help your child develop essential foundational skills. Written by experienced teachers and educators, the series supports what your child learns at school.

The pages are clear and uncluttered, with activities that build real skills. Activities are fun, and they motivate children to continue working and learning. Instructions are clear and easy to follow.

We hope that you and your child enjoy using this and other books in the series.

Welcome to the Harbor!

Contents

See page 4 for tips to help your child get the maximum education and fun out of the puzzles in this book.

The word searches found on pages 5–55 of this book are based on the following subjects:

lowercase letters

uppercase letters

language

sight words

colors and numbers

science and social studies

school life

everyday life

See pages 56–63 for the solutions to all of the word searches in this book.

See page 64 for a colorful award your child will love to receive for a job well done.

Here are some hopefully helpful tips on how to solve the puzzles and the challenges presented in this book.

Directions

Above each word search, students are told the directions in which words can be found. In the first few puzzles in this book, words can be found going across or down. As the puzzles become more challenging, students are asked to find words that are going diagonally, backwards, and upside-down. Here is what is meant by each of those terms:

Across
Upside-Down
Down
Backwards
Diagonally

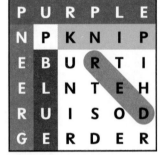

PUT IN THIS ORDER

Leftover Letters

As students work through the puzzles in this book, they are given extra challenges to complete. A few of those challenges ask students to use the leftover letters — those remaining once all of the words have been found and circled in the search — to spell something related to the puzzle's subject matter. Students are asked to put those leftover letters "in order." This means that letters are placed in order from left to right and from top to bottom. In the example above, when the leftover letters are placed in the correct order they would read "Put in this order."

Uppercase *and* Lowercase

This book purposefully contains some puzzles made up entirely of uppercase letters and others made up of lowercase letters. At the age that is appropriate for these puzzles, children need practice in recognizing and locating both types of letters. The two puzzles at the very end of the book even ask students to read uppercase letters while finding their lowercase versions in the puzzle, and vice versa.

Color Words

Find and circle these 9 color words. Words can be found going across or down.

- ● BLACK
- ● BLUE
- ● BROWN
- ● GREEN
- ● ORANGE
- ○ PINK
- ● PURPLE
- ○ WHITE
- ○ YELLOW

```
O S P U R P L E K
R V W A J I R Y G
A B R O W N V A R
N L E P H K Q X E
G A D G I B L U E
E C N K T P M B N
H K C Y E L L O W
```

Extra!

What color do you see here?

Find that color word in the puzzle and circle it.

5

Number Words

Find and circle these 11 number words. Words can be found going across or down.

(0) ZERO   (4) FOUR   (8) EIGHT
(1) ONE   (5) FIVE   (9) NINE
(2) TWO   (6) SIX   (10) TEN
(3) THREE   (7) SEVEN

```
P  T  R  T  E  N  X  T  J  O
L  W  Y  I  V  E  M  H  L  N
F  O  U  R  N  I  H  R  I  E
S  V  N  B  S  E  V  E  N  K
Z  F  I  V  E  I  O  E  X  Z
E  E  N  Z  R  G  A  R  A  S
R  X  E  R  W  H  P  V  N  I
O  S  A  K  Y  T  L  O  R  X
```

Extra!

How many years old are you? Find that number word in the puzzle and color it your favorite color.

Move Words

Find and circle these 9 ways to move. Words can be found going across or down.

DANCE	JUMP	SKIP
FLY	RIDE	SWIM
JOG	RUN	WALK

O	T	W	A	L	K	U	B
E	J	P	K	R	I	D	E
R	U	N	J	Z	V	A	S
F	M	H	O	M	T	N	K
L	P	L	G	S	J	C	I
Y	B	S	W	I	M	E	P

Extra!

Which way of moving do you use to get to school? Find that word in the puzzle and color it your favorite color.

Sight Words

Mini Puzzle #1

Find and circle these 8 sight words. Words can be found going across or down.

HER   THEM

HIM   US

MY   WE

THEIR   YOU

```
M Y P X Y O U I
D H E R W D S E
S I W V B W V K
N M R T H E I R
T H E M P Y C O
```

Mini Puzzle #2

Find and circle these 8 sight words. Words can be found going across or down.

AND   SEE

DO   THAT

HAVE   THE

SAY   THIS

```
H M P T H E B D
A N D X T J V O
V A K T H I S Q
E O L W A I E Y
O S A Y T V E F
```

More Sight Words

Mini Puzzle #3

Find and circle these 8 sight words. Words can be found going across or down.

ARE   WANT

CAN   WAS

NOW   WILL

THEN   WITH

O	C	A	N	R	W	U	T
V	K	R	I	W	I	T	H
N	L	E	M	P	L	A	E
O	B	T	H	G	L	Z	N
W	A	S	R	W	A	N	T

Mini Puzzle #4

Find and circle these 8 sight words. Words can be found going across or down.

COULD   WHEN

HOW   WHERE

MANY   WHO

WHAT   WHY

R	W	M	X	T	H	O	W
W	H	A	T	H	W	U	H
L	E	N	F	W	H	O	E
I	R	Y	T	P	Y	L	N
A	E	C	O	U	L	D	K

Who Is Thirsty?

Find and circle the names of these 4 drinks. Words can be found going across.

JUICE  MILK  SODA WATER

H	J	U	I	C	E
W	A	T	E	R	O
T	C	H	O	C	O
M	I	L	K	L	A
T	S	O	D	A	E

Extra! Look at the letters in the puzzle that are not circled. Put them in order in the boxes below. These letters will spell the name of a sweet drink.

Who Is Hungry?

Find and circle the names of these 6 foods. Words can be found going across or down.

APPLE   BURGER   CHEESE   PIZZA   RICE   YOGURT

```
A Y O G U R T
P B A N A I N
P I Z Z A C A
L B U R G E R
E C H E E S E
```

Extra! Look at the letters in the puzzle that are not circled. Put them in order in the small boxes. Draw a picture of the food.

Draw here.

11

Begins with "a"

Find and circle these 9 words that begin with a . Words can be found going across, down, or diagonally.

about
add
after
again
all
ant
ape
around
ask

r	l	z	o	p	a	s	k	a
a	g	a	i	n	l	u	m	r
f	e	t	f	j	l	h	c	o
a	b	o	u	t	x	e	i	u
a	c	i	m	x	e	q	a	n
d	l	a	a	n	t	r	p	d
d	u	w	v	t	r	n	e	c

Extra!

Draw a picture of something that starts with the a sound you hear in the word add .

Begins with "b"

Find and circle these 9 words that begin with b. Words can be found going across, down, or diagonally.

bad
ball
because
before
begin
best
bird
book
box

b	b	i	r	d	b	e	s	t
e	c	j	b	k	e	z	b	x
c	t	b	d	o	f	o	a	b
a	v	a	r	t	o	h	u	a
u	o	d	o	k	r	k	r	l
s	b	o	x	h	e	b	i	l
e	t	v	r	b	e	g	i	n

Extra!

Draw a picture of something that starts with the b sound you hear in the word bad.

Begins with "c"

Find and circle these 9 words that begin with c. Words can be found going across, down, or diagonally.

call

can

cat

class

cold

color

come

could

cut

c	a	n	h	c	u	c	l	c
w	c	o	l	o	r	o	k	o
c	o	f	h	l	i	m	t	u
c	l	z	y	d	e	e	c	l
a	b	a	p	n	c	k	a	d
l	u	y	s	p	c	u	t	c
l	v	f	o	s	a	r	b	d

Extra!

Draw a picture of something that starts with the c sound you hear in the word can.

14

Begins with "d"

Find and circle these 9 words that begin with d . Words can be found going across, down, or diagonally.

day
did
different
does
dog
done
door
down
draw

r	d	a	y	k	d	r	n	u
d	i	f	f	e	r	e	n	t
p	w	d	i	u	a	y	i	l
d	b	i	j	d	w	b	d	v
o	o	d	a	o	b	d	o	g
o	c	w	z	n	l	d	e	j
r	f	y	n	e	a	b	s	g

Extra!

Draw a picture of something that starts with the d sound you hear in the word dog .

Begins with "e"

Find and circle these 10 words that begin with **e**. Words can be found going across, down, or diagonally.

each
early
easy
eat
egg
eight
else
end
every
eyes

e	i	g	h	t	e	f	b	e
f	v	m	g	q	a	t	d	l
c	l	e	w	v	r	p	s	s
e	v	a	r	e	l	n	k	e
a	e	c	n	y	y	j	z	o
s	a	h	f	t	u	e	g	g
y	t	x	e	n	d	l	s	h

Extra!

Draw a picture of something that starts with the **e** sound you hear in the word **end**.

Begins with "f"

Find and circle these 10 words that begin with **f**. Words can be found going across, down, or diagonally.

fall
farm
feet
find
first
five
food
four
from
fun

f	y	f	i	r	s	t	r	f
e	a	v	f	i	n	d	t	u
r	h	l	v	f	a	r	m	n
b	f	y	l	o	f	k	d	e
k	r	h	a	o	p	i	l	u
f	o	u	r	d	x	e	v	t
p	m	i	b	f	e	e	t	e

Extra!

Draw a picture of something that starts with the **f** sound you hear in the word **fun**.

17

Begins with "g"

Find and circle these 10 words that begin with g. Words can be found going across, down, or diagonally.

game
get
girl
give
glass
going
good
great
green
grow

g	b	g	o	i	n	g	u	f
c	r	r	a	k	u	g	e	t
i	h	e	g	i	r	l	w	p
g	g	a	e	w	g	a	m	e
v	r	t	z	n	t	s	u	o
g	o	o	d	b	l	s	a	i
b	w	u	j	g	i	v	e	a

Extra!

Draw a picture of something that starts with the g sound you hear in the word get.

18

Begins with "h"

Find and circle these 10 words that begin with **h**. Words can be found going across, down, or diagonally.

hand
have
head
hello
help
here
him
house
hot
how

h	y	r	g	h	e	r	e	l
o	e	h	a	e	m	h	h	n
z	b	l	k	l	c	o	a	y
t	h	p	l	p	h	w	v	h
x	e	r	h	o	u	s	e	i
h	a	n	d	r	o	l	i	m
v	d	i	w	g	h	o	t	n

Extra!

Draw a picture of something that starts with the **h** sound you hear in the word **hot**.

19

Begins with "i"

Find and circle these 9 words that begin with [i]. Words can be found going across, down, or diagonally.

ice	important	instead	into
if	insect	interesting	its
igloo			

```
i  b  i  m  p  o  r  t  a  n  t
f  r  n  z  h  j  m  i  g  l  i
i  n  s  t  e  a  d  k  n  u  c
p  u  e  a  u  i  p  y  u  t  e
l  x  c  i  j  k  s  i  o  m  o
i  n  t  e  r  e  s  t  i  n  g
q  i  g  l  o  o  t  s  a  v  w
```

Extra!

The words interesting and insect begin with the [i] sound. Draw a picture of an interesting insect.

Begins with "j"

Find and circle these 10 words that begin with [j]. Words can be found going across, down, or diagonally.

jacket
jar
jeans
jelly
jet
job
joke
joy
jump
just

c	j	u	m	p	r	l	j	y
j	p	e	j	w	t	b	u	j
k	a	a	j	e	a	n	s	o
j	f	c	o	j	l	z	t	j
e	l	x	k	m	x	l	v	a
t	d	q	e	e	j	o	y	r
l	j	o	b	y	t	a	k	f

Extra!

Draw a picture of something that starts with the [j] sound you hear in the word [job].

Begins with "k"

- In some words, you can hear the **k** sound at the beginning.

- In words that begin with **kn**, the **k** is silent.

Find and circle these 8 words that begin with **k**. Words can be found going across, down, or diagonally.

keep

key

king

kite

knee

knife

knit

know

k	e	s	p	k	k	g	e
h	n	k	a	f	n	n	k
o	k	i	n	g	r	i	i
l	k	e	f	o	m	w	t
k	l	n	b	e	w	k	e
e	y	r	e	a	x	c	o
y	k	t	k	e	e	p	b

Extra!

Draw a picture of something that starts with the **k** sound you hear in the word **keep** .

Begins with "l"

Find and circle these 10 words that begin with **l**. Words can be found going across, down, or diagonally.

large
last
left
less
life
like
little
long
look
love

l	g	u	l	a	s	t	l	c
i	l	o	v	e	w	x	a	l
k	y	i	l	e	f	t	n	i
e	l	v	t	z	l	a	j	f
l	o	o	k	t	k	e	h	e
w	n	e	m	i	l	t	s	p
o	g	l	a	r	g	e	b	s

Extra!

Draw a picture of something that starts with the **l** sound you hear in the word **let**.

23

Begins with "m"

Find and circle these 12 words that begin with m. Words can be found going across, down, or diagonally.

make
many
maybe
meat
milk
mix
month
moon
more
most
mother
move

m	o	n	t	h	t	b	m	r
w	m	k	a	m	m	o	o	n
m	o	v	e	a	i	v	r	w
a	t	i	g	y	j	l	e	m
n	h	p	m	b	m	a	k	e
y	e	b	i	e	l	r	t	a
d	r	h	x	f	m	o	s	t

Extra!

Draw a picture of something that starts with the m sound you hear in the word mat.

Begins with "n"

Find and circle these 12 words that begin with **n**. Words can be found going across, down, or diagonally.

name
near
need
never
new
next
night
nine
north
nose
now
number

n	e	a	r	v	n	a	c	n
u	e	n	e	x	t	i	b	o
m	h	v	g	n	e	w	n	s
b	n	n	e	e	d	u	o	e
e	o	t	s	r	j	n	r	t
r	w	c	n	i	g	h	t	l
n	a	m	e	w	c	u	h	k

Extra!

Draw a picture of something that starts with the **n** sound you hear in the word **net**.

25

Begins with "o"

Find and circle these 12 words that begin with **o**. Words can be found going across, down, or diagonally.

odd
off
often
old
one
only
onto
open
orange
other
outside
over

y	j	o	b	o	t	h	e	r
o	e	l	u	f	o	n	t	o
v	o	d	d	t	b	h	k	n
e	w	p	z	e	s	n	o	l
r	i	q	e	n	a	i	c	y
m	o	n	e	n	f	l	d	o
o	f	f	o	r	a	n	g	e

Draw a picture of something that starts with the **o** sound you hear in the word **odd** or in the word **open**.

26

Begins with "p"

Find and circle these 12 words that begin with p. Words can be found going across, down, or diagonally.

paint
park
part
people
pick
place
play
pole
pull
purple
push
put

p	p	l	l	p	a	i	n	t	p
p	u	y	e	p	b	a	w	a	
l	s	r	o	q	i	z	l	r	
a	h	t	p	l	a	c	e	k	
y	p	u	l	l	b	p	k	e	
p	o	l	e	n	e	u	l	r	
i	g	l	p	a	r	t	m	k	

Extra!

Draw a picture of something that starts with the p sound you hear in the word pet.

Begins with "q"

Find and circle these 10 words that begin with q. Words can be found going across, down, or diagonally.

quack
quail
quarter
queen
question
quick
quiet
quilt
quit
quiz

q	u	e	s	t	i	o	n	g
v	u	q	l	t	q	q	q	u
q	u	a	c	k	q	u	u	f
u	m	i	r	h	u	i	i	n
a	l	c	n	t	e	l	c	z
i	k	q	u	i	e	t	k	o
l	q	u	i	t	n	r	u	c

Extra!

Draw a picture of something that starts with the q sound you hear in the word quack.

Begins with "r"

Find and circle these 12 words that begin with r. Words can be found going across, down, or diagonally.

race
rain
read
right
ring
river
road
rock
room
round
rule
run

r	o	o	m	i	r	u	n	r
i	c	h	l	r	a	j	r	i
n	m	e	r	v	i	z	w	g
g	r	r	f	o	n	v	p	h
t	e	o	y	r	u	l	e	t
r	a	c	e	i	k	n	v	r
u	d	k	g	r	o	a	d	e

Extra!

Draw a picture of something that starts with the r sound you hear in the word red .

Begins with "s"

Find and circle these 12 words that begin with s. Words can be found going across, down, backwards, or diagonally.

said
seven
shape
should
sight
six
small
some
spring
start
story
summer

l	l	a	m	s	s	g	l	s
s	s	h	s	u	t	s	s	i
h	i	e	p	m	a	o	p	x
o	g	f	v	m	r	m	r	u
u	h	s	k	e	t	e	i	y
l	t	l	a	r	n	i	n	k
d	r	s	h	a	p	e	g	g
u	o	n	s	a	i	d	c	a

Extra!

Draw a picture of something that starts with the s sound you hear in the word set.

30

Begins with "t"

Find and circle these 12 words that begin with **t**. Words can be found going across, down, backwards, or diagonally.

take
taste
teacher
tell
ten
their
these
thing
three
time
today
two

v	t	a	h	e	s	e	h	t
r	o	e	t	k	t	m	v	a
t	d	y	a	r	j	i	w	s
w	a	z	k	c	t	x	m	t
o	y	l	e	b	h	e	o	e
y	z	t	h	r	e	e	l	f
t	e	n	z	y	i	p	r	l
g	n	i	h	t	r	h	t	v

Extra!

Draw a picture of something that starts with the **t** sound you hear in the word **top**.

Begins with "u"

Find and circle these 12 words that begin with u. Words can be found going across, down, backwards, or diagonally.

umbrella
uncle
under
undo
unless
unit
until
untrue
upon
upward
useful
usually

l	u	u	s	u	a	l	l	y
y	p	p	u	n	c	l	e	u
z	o	w	f	t	v	m	u	s
u	n	a	b	r	u	k	n	e
k	n	r	a	u	n	i	t	f
u	n	d	o	e	z	e	i	u
r	s	s	e	l	n	u	l	l
a	l	l	e	r	b	m	u	n

Extra!

Draw a picture of something that starts with the u sound you hear in the word up or in the word use.

32

Begins with "v"

Find and circle these 12 words that begin with v. Words can be found going across, down, backwards, or diagonally.

value
verb
very
victory
video
view
village
visit
voice
volcano
vote
vowel

u	a	v	v	i	d	e	o	h
v	i	s	i	t	a	f	v	x
o	n	a	c	l	o	v	i	v
w	a	v	t	r	l	b	e	a
e	c	h	o	v	u	a	w	l
l	y	i	r	i	m	s	g	u
v	e	r	y	k	c	t	y	e
g	v	o	t	e	v	e	r	b

Extra!

Draw a picture of something that starts with the v sound you hear in the word vet.

33

Begins with "w"

Find and circle these 12 words that begin with w. Words can be found going across, down, backwards, or diagonally.

walk
want
water
what
when
where
white
will
winter
with
work
write

k	r	o	w	w	h	a	t	k
w	h	c	r	a	f	y	s	p
h	m	w	i	l	l	g	w	i
e	g	h	i	z	h	k	i	w
n	w	i	b	n	e	l	t	r
w	a	t	e	r	t	z	h	i
u	n	e	p	n	y	e	c	t
o	t	k	a	w	h	e	r	e

Extra!

Draw a picture of something that starts with the w sound you hear in the word wet.

34

Ends with "x"

Find and circle these 12 words that end with x. Words can be found going across, down, backwards, or diagonally.

box
complex
flax
fox
index
mix
prefix
reflex
relax
six
suffix
tax

b	c	h	e	r	s	i	x	p
m	o	k	d	e	l	c	v	r
i	m	x	i	f	f	u	s	e
x	p	a	k	l	u	l	a	f
h	l	x	z	e	t	f	a	i
r	e	l	a	x	a	n	f	x
n	x	u	j	w	x	a	o	t
i	n	d	e	x	p	c	x	e

Extra!

Draw a picture of something that ends with the x sound you hear in the word ax.

Begins with "y"

Find and circle these 11 words that begin with y. Words can be found going across, down, backwards, or diagonally.

yard
yawn
year
yelling
yellow
yesterday
yet
yogurt
young
your
yummy

y	m	m	u	y	b	r	y	f
y	e	s	t	e	r	d	a	y
c	p	l	y	u	z	h	r	o
e	w	o	l	l	e	y	d	g
y	o	u	r	i	p	e	c	u
a	m	e	j	x	n	t	l	r
w	k	y	o	u	n	g	a	t
n	r	t	v	y	e	a	r	h

Extra!

Draw a picture of something that starts with the y sound you hear in the word yet.

Words with "z"

Find and circle these 12 words that have a z in them. Words can be found going across, down, backwards, or diagonally.

crazy
dozen
lizard
pizza
prize
size
zebra
zero
zigzag
zipper
zone
zoom

a	c	l	t	p	s	i	z	e
g	r	w	i	i	r	p	y	z
d	a	z	k	z	d	i	h	o
o	z	i	g	z	a	g	z	n
z	y	p	v	a	c	r	b	e
e	a	p	z	o	o	m	d	f
n	z	e	r	o	j	z	l	y
z	o	r	n	a	r	b	e	z

Extra!

Draw a picture of something that has the z sound you hear in the word zoo.

Double "e"

Find and circle these 12 words that have a double e in them. Words can be found going across, down, backwards, or diagonally.

AGREE	DEER	GREEN	STREET
BEEF	FEET	PEEL	SWEET
CHEESE	FREE	SHEEP	WEEK

```
K E E W A J E S D
P S Y G P G U H K
E T W R C F R E E
E R Q E T B E E F
L E S E E H C P E
N E R N D T I H E
B T L C D E E R T
```

Extra!

Draw a picture of something that has the long e sound you hear in the word see.

Double "o"

Find and circle these 12 words that have a double o in them. Words can be found going across, down, backwards, or diagonally.

BROOM   LOOP   ROOT   TOOL
CHOOSE   MOON   SCHOOL   TROOP
FOOD   PROOF   SPOON   ZOO

```
O O Z S P O O N Z
D Y C C N D O O F
T F X H L M O O N
R O M O O R B H R
O W O O O O L W O
O Z U L P I S M O
P R O O F P H E T
```

Extra!

Draw a picture of something that has the long o sound you hear in the word boo.

Double at the End

Find and circle these 12 words that end with a double letter. Words can be found going across, down, backwards, or diagonally.

BELL   FALL   SHELL   STUFF

BUZZ   JAZZ   SMALL   TOSS

CLASS   KISS   SNIFF   YELL

```
S C Y F Z Z A J S
T E L W T Y O V M
U N B A O Q E N A
F Z E B S H E L L
F A L L S S M I L
T X L Z S N I F F
S S I K O B U Z Z
```

Extra!

Can you guess which of these things ends with a double **l**? Circle each correct answer.

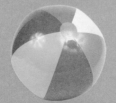

Double in the Middle

Find and circle these 9 words that have a double letter in the middle. Words can be found going across, down, backwards, or upside-down.

BUTTON   PILLOW   SLIPPER

JOGGER   PUDDING   SUMMER

MUFFIN   RIBBON   WINNER

```
S  L  I  P  P  E  R  G  P  A
U  W  M  U  F  F  I  N  W  C
M  I  K  D  B  U  T  T  O  N
M  N  I  D  P  W  X  F  L  Z
E  N  R  I  B  B  O  N  L  A
R  E  J  N  Y  A  L  G  I  H
W  R  E  G  G  O  J  E  P  R
```

Extra!

Draw a picture of one of the words in the puzzle. Write the word on the line.

Family Members

Find and circle the names of these 12 family members. Words can be found going across, down, backwards, or diagonally.

AUNT	FATHER	MOTHER	SISTER
BROTHER	GRANDMA	NEPHEW	SON
DAUGHTER	GRANDPA	NIECE	UNCLE

```
C F D R E H T O R B
G R A N D M A I W T
S E U T S I S T E R
O P G S H U N C L E
N I H L N E P H E W
M O T H E R R O V F
N I E C E K A U N T
Z G R A N D P A H L
```

Extra!

How many of the family words in the puzzle describe you? For example, are you someone's niece or nephew? Color all the words that describe you.

Best Pets

Find and circle these 10 pets. Words can be found going across, down, backwards, or diagonally.

BIRD
CAT
DOG
FISH
HAMSTER
LIZARD
MOUSE
RABBIT
SNAKE
TURTLE

C	L	D	T	I	B	B	A	R	U
G	A	H	Z	U	L	H	J	N	L
I	N	T	K	F	R	S	A	V	S
M	X	H	A	M	S	T	E	R	N
O	M	D	R	A	Z	I	L	K	A
U	W	O	S	J	N	M	C	E	K
S	D	G	U	F	I	S	H	D	E
E	R	B	I	E	B	I	R	D	L

Extra!

Which animal makes the best pet? Draw a picture of the pet and give it a name.

_____

Ways to Feel

Find and circle these 12 words that show how you can feel. Words can be found going across, down, backwards, or diagonally.

ANGRY
BRAVE
CALM
GLAD
GRUMPY
HAPPY
JOYFUL
LONELY
NERVOUS
PROUD
SCARED
WORRIED

```
B R A V E A C A L M
O T K N E R V O U S
L I W H G W T C H G
O G S C A R E D P L
N G R U M P Y V R A
E R V O E C P A O D
L U F Y O J T Y U S
Y X W O R R I E D N
```

Extra!

Choose one of the words from the puzzle. Write the word on the line. Draw a face on the circle to show that feeling.

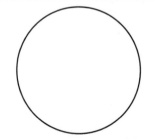

Ways to Act

Find and circle these 12 words that show how you can act. Words can be found going across, down, backwards, or diagonally.

FOOLISH
HELPFUL
KIND
LOUD
MEAN
POLITE
QUIET
RUDE
SHY
SILLY
SLEEPY
WISE

L	U	F	P	L	E	H	C	T	Y
E	N	Q	O	A	S	U	Q	R	E
S	Q	U	I	O	I	L	O	U	D
P	L	I	D	G	L	W	R	D	U
M	K	E	P	O	L	I	T	E	V
H	E	T	E	M	Y	S	S	L	A
F	S	A	J	P	X	E	S	H	Y
B	K	I	N	D	Y	F	T	P	W

Extra!

Look back at the words in the puzzle. Write the four words that describe how you would most like to act.

45

On a Map

Find and circle these 12 things you could find on a map. Words can be found going across, down, diagonally, or upside-down.

BAY
CITY
COUNTRY
HIGHWAY
ISLAND
LAKE
MOUNTAIN
OCEAN
RIVER
ROAD
STATE
STREET

H	T	A	W	B	A	Y	Z	M	T
R	I	V	E	R	N	T	L	O	E
P	R	G	Y	C	O	I	A	U	E
I	O	E	H	U	V	C	K	N	R
V	A	Y	M	W	N	K	E	T	T
E	D	L	S	T	A	T	E	A	S
C	O	U	N	T	R	Y	J	I	N
G	R	Z	C	I	S	L	A	N	D

Extra!

Where do you live? Write the names of your city, state, and country.

City _____   State _____

Country _____

46

Our Solar System

Find and circle these 10 words. They name the 8 planets, along with two other types of objects that can be found in our solar system. Words can be found going across, down, or backwards.

ASTEROID
COMET
EARTH
JUPITER
MARS
MERCURY
NEPTUNE
SATURN
URANUS
VENUS

A	V	E	N	U	S	P	I	V	E
S	T	K	L	X	A	L	X	T	A
T	J	U	P	I	T	E	R	Y	R
E	M	E	R	C	U	R	Y	C	T
R	A	V	G	A	R	T	G	O	H
O	R	I	S	Z	N	P	N	M	P
I	S	N	E	P	T	U	N	E	W
D	S	U	N	A	R	U	Z	T	H

Extra!

What is the name of the "star" of our solar system? You can find this name in the puzzle. It is the last three letters of the only word that is going backwards. Write them in the order you see them in the puzzle:

Inside Words

Find and circle these 12 things you might see inside a school building. Words can be found going across, down, diagonally, or upside-down.

BOARD
BOOK
CARPET
CHAIR
CLOCK
COMPUTER
DESK
ERASER
PENCIL
SCISSORS
STUDENT
TEACHER

S B W P E N C I L C
T C O M P U T E R H
U V I O U H R L E A
D D E S K E B C H I
E E R A S E R T C R
N H M C L O C K A F
T C Z N C A R P E T
V B O A R D E S T O

Extra!

Draw a picture of one of the words in the puzzle. Write the word on the line.

Outside Words

Find and circle these 12 things you might see outside a school building. Words can be found going across, down, diagonally, or backwards.

BALL
BENCH
CLOUD
DIRT
FIELD
FENCE
GARDEN
GRASS
PLAYGROUND
POLE
SIGN
TREE

B	P	O	L	E	Z	E	E	R	T
F	E	N	C	E	B	D	I	R	T
O	V	N	H	C	S	S	A	R	G
L	O	R	C	D	L	N	K	P	A
T	B	M	T	H	X	O	E	L	R
P	L	A	Y	G	R	O	U	N	D
X	E	J	L	S	I	G	N	D	E
K	F	I	E	L	D	R	A	S	N

Extra!

Draw a picture of one of the words in the puzzle. Write the word on the line.

Happy Birthday!

Find and circle these 9 birthday words. Words can be found going across, down, backwards, upside-down, or diagonally.

BALLOONS
BIRTHDAY
CAKE
CANDLES
FRIENDS
GAMES
GIFTS
HAPPY
PARTY

C	S	L	B	A	O	E	K	A	C
F	N	T	M	X	E	Y	P	W	A
R	O	K	G	I	F	T	S	F	N
I	O	L	A	H	U	R	M	T	D
E	L	U	M	R	A	A	F	Q	L
N	L	Z	E	V	Q	P	T	N	E
D	A	H	S	P	U	W	P	L	S
S	B	I	R	T	H	D	A	Y	O

Extra!

How many candles will there be on your birthday cake at your next birthday? Draw a cake with that many candles.

To the Zoo

Find and circle these 10 zoo animals. Words can be found going across, down, backwards, upside-down, or diagonally.

BEAR
ELEPHANT
GIRAFFE
GORILLA
HIPPO
LION
MONKEY
SNAKE
TIGER
WOLF

```
E A U W O L F I G B
P L B H P R E G I T
S L E Y P A S L R X
N I R P I U B E A R
A R D V H C L R F T
K O T N O A P A F Q
E G R K M O N K E Y
C L I O N Z E T Y G
```

Extra!

Draw a picture of one of the animals in the puzzle. Write the word on the line.

_____

In the Ocean

Find and circle these 15 things you might find in an ocean. Words can be found going across, down, backwards, diagonally, or upside-down.

CRAB   OCTOPUS   SALT   SEAWEED   SHELL
DOLPHIN   OTTER   SAND   SHARK   TURTLE
EEL   FISH   WATER   WAVES   WHALE

```
H W A T E R D C T P
S U P O T C O R U W
I E S A O C L A R A
F S A I T S P B T V
S H N W T W H A L E
F A D I E C I E E S
A R L T R E N E L L
A K N T T I D L C L
```

Extra! There are 15 letters not circled in the puzzle. Write them in order here. They spell the names of the world's two largest oceans.

1. ▢ ▢ ▢ ▢ ▢ ▢ ▢ ▢
2. ▢ ▢ ▢ ▢ ▢ ▢ ▢ ▢

In the Jungle

Find and circle these 12 things you might find in a jungle. Words can be found going across, down, backwards, diagonally, or upside-down.

BIRD
CHIMPANZEE
FROG
INSECT
JAGUAR
LEOPARD
MONKEY
PLANTS
SNAKE
SPIDER
TREES
VINES

A	T	L	J	A	G	U	A	R	M
A	R	Z	E	O	V	I	N	E	S
R	E	N	I	O	S	N	A	K	E
E	E	Z	N	A	P	M	I	H	C
D	S	R	S	P	L	A	N	T	S
I	A	I	E	N	F	F	R	O	G
P	O	R	C	B	I	R	D	D	E
S	S	T	T	M	O	N	K	E	Y

Extra! There are 16 letters not circled in the puzzle. Write them in order here. They spell the name of the world's largest jungle.

53

Lower to Upper

These 10 "small" words are written in lowercase letters here. Find these words in the UPPERCASE puzzle below. Words can be found going across, down, or diagonally.

baby
child
infant
little
low
mini
short
small
teeny
tiny

U	W	E	J	T	I	N	Y	C
L	I	T	T	L	E	G	M	H
T	D	N	X	U	M	I	N	I
S	E	V	F	B	N	U	S	L
M	R	E	T	A	F	L	H	D
A	F	H	N	B	N	Y	O	K
L	I	R	T	Y	C	T	R	Z
L	O	W	L	E	P	N	T	E

Upper to Lower

These 9 "big" words are written in UPPERCASE letters here. Find these words in the lowercase puzzle below. Words can be found going across, down, or diagonally.

ADULT
BIG
GIANT
GROWNUP
HIGH
HUGE
JUMBO
LARGE
TALL

l	y	b	i	a	d	u	l	t
a	c	i	x	e	f	n	k	a
r	o	g	a	j	t	s	t	l
g	r	o	w	n	u	p	p	l
e	b	a	h	q	p	m	o	c
z	l	g	i	a	n	t	b	a
f	r	p	g	s	u	r	v	o
i	g	e	h	u	g	e	b	l

Extra!

Write your last name in all UPPERCASE letters here:

Write your last name in all lowercase letters here:

Answer Key

Color Words (page 5)

O	S	P	U	R	P	L	E	K
R	V	W	A	J	I	R	Y	G
A	B	R	O	W	N	V	A	R
N	L	E	P	H	K	Q	X	E
G	A	D	G	I	B	L	U	E
E	C	N	K	T	P	M	B	N
H	K	C	Y	E	L	L	O	W

Extra: red

Number Words (page 6)

P	T	R	T	E	N	X	T	J	O
L	W	Y	I	V	E	M	H	L	N
F	O	U	R	N	I	H	R	I	E
S	V	N	B	S	E	V	E	N	K
Z	F	I	V	E	I	O	E	X	Z
E	E	N	Z	R	G	A	R	A	S
R	X	E	R	W	H	P	V	N	I
O	S	A	K	Y	T	L	O	R	X

Move Words (page 7)

O	T	W	A	L	K	U	B
E	J	P	K	R	I	D	E
R	U	N	J	Z	V	A	S
F	M	H	O	M	T	N	K
L	P	L	G	S	J	C	I
Y	B	S	W	I	M	E	P

Sight Words (page 8)

Mini Puzzle #1

M	Y	P	X	Y	O	U	I
D	H	E	R	W	D	S	E
S	I	W	V	B	W	V	K
N	M	R	T	H	E	I	R
T	H	E	M	P	Y	C	O

Mini Puzzle #2

H	M	P	T	H	E	B	D
A	N	D	X	T	J	V	O
V	A	K	T	H	I	S	Q
E	O	L	W	A	I	E	Y
O	S	A	Y	T	V	E	F

More Sight Words (page 9)

Mini Puzzle #3

O	C	A	N	R	W	U	T
V	K	R	I	W	I	T	H
N	L	E	M	P	L	A	E
O	B	T	H	G	L	Z	N
W	A	S	R	W	A	N	T

Mini Puzzle #4

R	W	M	X	T	H	O	W
W	H	A	T	H	W	U	H
L	E	N	F	W	H	O	E
I	R	Y	T	P	Y	L	N
A	E	C	O	U	L	D	K

Who Is Thirsty? (page 10)

H	J	U	I	C	E	
W	A	T	E	R	O	
T	C	H	O	C	O	
M	I	L	K	L	A	
T	S	O	D	A	E	

not circled: hot chocolate

Who Is Hungry? (page 11)

A	Y	O	G	U	R	T
P	B	A	N	A	I	N
P	I	Z	Z	A	C	A
L	B	U	R	G	E	R
E	C	H	E	E	S	E

not circled: banana

Answer Key

Begins with "a" (page 12)

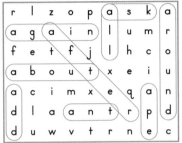

Begins with "b" (page 13)

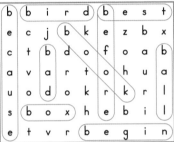

Begins with "c" (page 14)

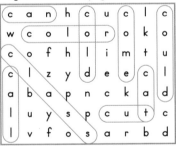

Begins with "d" (page 15)

Begins with "e" (page 16)

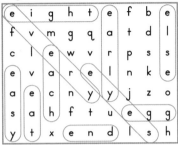

Begins with "f" (page 17)

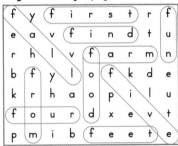

Begins with "g" (page 18)

Begins with "h" (page 19)

Answer Key

Begins with "i" (page 20)

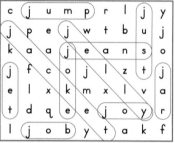

```
i  b  i  m  p  o  r  t  a  n  t
f  r  n  z  h  j  m  i  g  l  i
i  n  s  t  e  a  d  k  n  u  c
p  u  e  a  u  i  p  y  u  t  e
l  x  c  i  j  k  s  i  o  m  o
i  n  t  e  r  e  s  t  i  n  g
q  i  g  l  o  o  t  s  a  v  w
```

Begins with "j" (page 21)

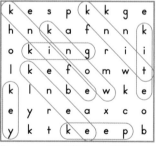

```
c  j  u  m  p  r  l  j  y
j  p  e  j  w  t  b  u  j
k  a  a  j  e  a  n  s  o
j  f  c  o  j  l  z  t  j
e  l  x  k  m  x  l  v  a
t  d  q  e  e  j  o  y  r
l  j  o  b  y  t  a  k  f
```

Begins with "k" (page 22)

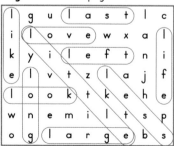

```
k  e  s  p  k  k  g  e
h  n  k  a  f  n  n  k
o  k  i  n  g  r  i  i
l  k  e  f  o  m  w  t
k  l  n  b  e  w  k  e
e  y  r  e  a  x  c  o
y  k  t  k  e  e  p  b
```

Begins with "l" (page 23)

```
l  g  u  l  a  s  t  l  c
i  l  o  v  e  w  x  a  l
k  y  i  l  e  f  t  n  i
e  l  v  t  z  l  a  j  f
l  o  o  k  t  k  e  h  e
w  n  e  m  i  l  t  s  p
o  g  l  a  r  g  e  b  s
```

Begins with "m" (page 24)

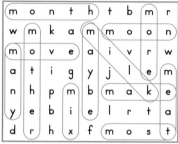

```
m  o  n  t  h  t  b  m  r
w  m  k  a  m  m  o  o  n
m  o  v  e  a  i  v  r  w
a  t  i  g  y  j  l  e  m
n  h  p  m  b  m  a  k  e
y  e  b  i  e  l  r  t  a
d  r  h  x  f  m  o  s  t
```

Begins with "n" (page 25)

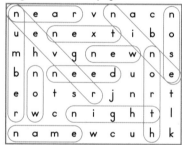

```
n  e  a  r  v  n  a  c  n
u  e  n  e  x  t  i  b  o
m  h  v  g  n  e  w  n  s
b  n  n  e  e  d  u  o  e
e  o  t  s  r  j  n  r  t
r  w  c  n  i  g  h  t  l
n  a  m  e  w  c  u  h  k
```

Begins with "o" (page 26)

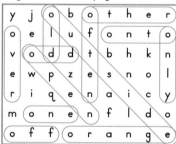

```
y  j  o  b  o  t  h  e  r
o  e  l  u  f  o  n  t  o
v  o  d  d  t  b  h  k  n
e  w  p  z  e  s  n  o  l
r  i  q  e  n  a  i  c  y
m  o  n  e  n  f  l  d  o
o  f  f  o  r  a  n  g  e
```

Begins with "p" (page 27)

```
p  p  l  p  a  i  n  t  p
p  u  y  e  p  b  a  w  a
l  s  r  o  q  i  z  l  r
a  h  t  p  l  a  c  e  k
y  p  u  l  l  b  p  k  e
p  o  l  e  n  e  u  l  r
i  g  l  p  a  r  t  m  k
```

Answer Key

Begins with "q" (page 28)

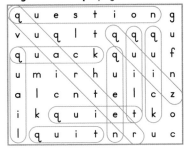

q	u	e	s	t	i	o	n	g
v	u	q	l	t	q	q	q	u
q	u	a	c	k	q	u	u	f
u	m	i	r	h	u	i	i	n
a	l	c	n	t	e	l	c	z
i	k	q	u	i	e	t	k	o
l	q	u	i	t	n	r	u	c

Begins with "r" (page 29)

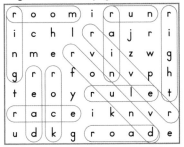

r	o	o	m	i	r	u	n	r
i	c	h	l	r	a	j	r	i
n	m	e	r	v	i	z	w	n
g	r	r	f	o	n	v	p	h
t	e	o	y	r	u	l	e	t
r	a	c	e	i	k	n	v	r
u	d	k	g	r	o	a	d	e

Begins with "s" (page 30)

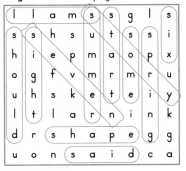

l	l	a	m	s	s	g	l	s
s	s	h	s	u	t	s	s	i
h	i	e	p	m	a	o	p	x
o	g	f	v	m	r	m	r	u
u	l	h	s	k	e	t	e	y
l	t	l	a	r	n	i	n	k
d	r	s	h	a	p	e	g	g
u	o	n	s	a	i	d	c	a

Begins with "t" (page 31)

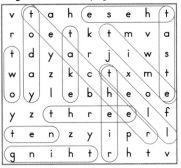

v	t	a	h	e	s	e	h	t
r	o	e	t	k	t	m	v	a
t	d	y	a	r	j	i	w	s
w	a	z	k	c	t	x	m	t
o	y	l	e	b	h	e	o	e
y	z	t	h	r	e	e	l	f
t	e	n	z	y	i	p	r	l
g	n	i	h	t	r	h	t	v

Begins with "u" (page 32)

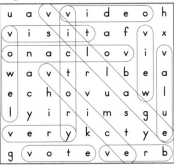

l	u	u	s	u	a	l	l	y
y	p	p	u	n	c	l	e	u
z	o	w	f	t	v	m	u	s
u	n	a	b	r	u	k	n	e
k	n	r	a	u	n	i	t	f
u	n	d	o	e	z	e	i	u
r	s	s	e	l	n	u	l	l
a	l	l	e	r	b	m	u	n

Begins with "v" (page 33)

u	a	v	v	i	d	e	o	h
v	i	s	i	t	a	f	v	x
o	n	a	c	l	o	v	i	v
w	a	v	t	r	l	b	e	a
e	c	h	o	v	u	a	w	l
l	y	i	r	i	m	s	g	u
v	e	r	y	k	c	t	y	e
g	v	o	t	e	v	e	r	b

Answer Key

Begins with "w" (page 34)

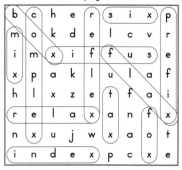

k	r	o	w	w	h	a	t	k
w	h	c	r	a	f	y	s	p
h	m	w	i	l	l	g	w	i
e	g	h	i	z	h	k	i	w
n	w	i	b	n	e	l	t	r
w	a	t	e	r	t	z	h	i
u	n	e	p	n	y	e	c	t
o	t	k	a	w	h	e	r	e

Ends with "x" (page 35)

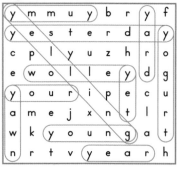

b	c	h	e	r	s	i	x	p
m	o	k	d	e	l	c	v	r
i	m	x	i	f	f	u	s	e
x	p	a	k	l	u	l	a	f
h	l	x	z	e	t	f	a	i
r	e	l	a	x	a	n	f	x
n	x	u	j	x	x	a	o	t
i	n	d	e	x	p	c	x	e

Begins with "y" (page 36)

y	m	m	u	y	b	r	y	f
y	e	s	t	e	r	d	a	y
c	p	l	y	u	z	h	r	o
e	w	o	l	l	e	y	d	g
y	o	u	r	i	p	e	c	u
a	m	e	j	x	n	t	l	r
w	k	y	o	u	n	g	a	t
n	r	t	v	y	e	a	r	h

Words with "z" (page 37)

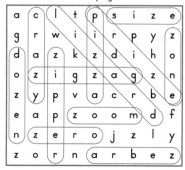

a	c	l	t	p	s	i	z	e
g	r	w	i	i	r	p	y	z
d	a	z	k	z	d	i	h	o
o	z	i	g	z	a	g	z	n
z	y	p	v	a	c	r	b	e
e	a	p	z	o	o	m	d	f
n	z	e	r	o	j	z	l	y
z	o	r	n	a	r	b	e	z

Double "e" (page 38)

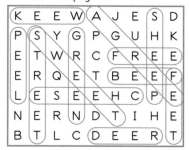

K	E	E	W	A	J	E	S	D
P	S	Y	G	P	G	U	H	K
E	T	W	R	C	F	R	E	E
E	R	Q	E	T	B	E	E	F
L	E	S	E	E	H	C	P	E
N	E	R	N	D	T	I	H	E
B	T	L	C	D	E	E	R	T

Double "o" (page 39)

O	O	Z	S	P	O	O	N	Z
D	Y	C	C	N	D	O	O	F
T	F	X	H	L	M	O	O	N
R	O	M	O	O	R	B	H	R
O	W	O	O	O	L	W	O	
O	Z	U	L	P	I	S	M	O
P	R	O	O	F	P	H	E	T

Answer Key

Double at the End (page 40)

```
S C Y F Z Z A J S
T E L W T Y O V M
U N B A O Q E N A
F Z E B S H E L L
F A L L S S M I L
T X L Z S N I F F
S S I K O B U Z Z
```

circled: ball, bell

Double in the Middle (page 41)

```
S L I P P E R G P A
U W M U F F I N W C
M I K D B U T T O N
M N I D P W X F L Z
E N R I B B O N L A
R E J N Y A L G I H
W R E G G O J E P R
```

Family Members (page 42)

```
C F D R E H T O R B
G R A N D M A I W T
S E U T S I S T E R
O P G S H U N C L E
N I H L N E P H E W
M O T H E R R O V F
N I E C E K A U N T
Z G R A N D P A H L
```

Best Pets (page 43)

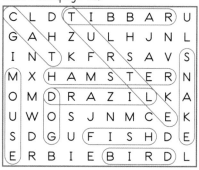

```
C L D T I B B A R U
G A H Z U L H J N L
I N T K F R S A V S
M X H A M S T E R N
O M D R A Z I L K A
U W O S J N M C E K
S D G U F I S H D E
E R B I E B I R D L
```

Ways to Feel (page 44)

```
B R A V E A C A L M
O T K N E R V O U S
L I W H G W T C H G
O G S C A R E D P L
N G R U M P Y V R A
E R V O E C P A O D
L U F Y O J T Y U S
Y X W O R R I E D N
```

Ways to Act (page 45)

```
L U F P L E H C T Y
E N Q O A S U Q R E
S Q U I O I L O U D
P L I D G L W R D U
M K E P O L I T E V
H E T E M Y S S L A
F S A J P X E S H Y
B K I N D Y F T P W
```

61

Answer Key

On a Map (page 46)

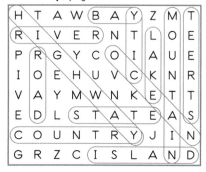

Our Solar System (page 47)

Extra: sun

Inside Words (page 48)

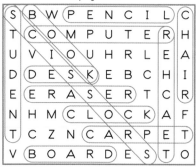

Outside Words (page 49)

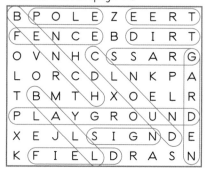

Happy Birthday! (page 50)

To the Zoo (page 51)

62

Answer Key

In the Ocean (page 52)

H	W	A	T	E	R	D	C	T	P
S	U	P	O	T	C	O	R	U	W
I	E	S	A	O	C	L	A	R	A
F	S	A	I	T	S	P	B	T	V
S	H	N	W	T	W	H	A	L	E
F	A	D	I	E	C	I	E	E	S
A	R	L	T	R	E	N	E	L	L
A	K	N	T	T	I	D	L	C	L

not circled: Pacific, Atlantic

In the Jungle (page 53)

A	T	L	J	A	G	U	A	R	M
A	R	Z	E	O	V	I	N	E	S
R	E	N	I	O	S	N	A	K	E
E	E	Z	N	A	P	M	I	H	C
D	S	R	S	P	L	A	N	T	S
I	A	I	E	N	F	F	R	O	G
P	O	R	C	B	I	R	D	D	E
S	S	T	T	M	O	N	K	E	Y

not circled: Amazon rainforest

Upper to Lower (page 55)

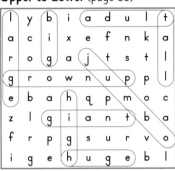

l	y	b	i	a	d	u	l	t
a	c	i	x	e	f	n	k	a
r	o	g	a	j	t	s	t	l
g	r	o	w	n	u	p	p	l
e	b	a	h	q	p	m	o	c
z	l	g	i	a	n	t	b	a
f	r	p	g	s	u	r	v	o
i	g	e	h	u	g	e	b	l

Lower to Upper (page 54)

U	W	E	J	T	I	N	Y	C
L	I	T	T	L	E	G	M	H
T	D	N	X	U	M	I	N	I
S	E	V	F	B	N	U	S	L
M	R	E	T	A	F	L	H	D
A	F	H	N	B	N	Y	O	K
L	I	R	T	Y	C	T	R	Z
L	O	W	L	E	P	N	T	E

63